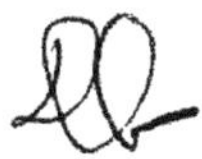

CATALOGUE

DES

TABLEAUX

DES MAITRES ANCIENS

Hollandais, Flamands & Français

COMPOSANT LA COLLECTION

DE

FEU M. PILTÉ

DONT LA VENTE AUX ENCHÈRES PUBLIQUES AURA LIEU

HOTEL DROUOT, SALLE N° 8,

Le Jeudi 10 Avril 1873,

A DEUX HEURES PRÉCISES.

Par le ministère de Me **CHARLES PILLET**, Commissaire-Priseur,
10, rue de la Grange-Batelière,

Et de son confrère Me **JULES GUIDOU**, 43, rue Taitbout,
Assisté de MM. **DHIOS** et **GEORGE**, Experts, 33, rue Lepeletier,

Chez lesquels se trouve le présent Catalogue.

EXPOSITIONS { *PARTICULIÈRE :* Le Mardi 8 Avril 1873.
PUBLIQUE : Le Mercredi 9 Avril 1873.

DE UNE HEURE A CINQ HEURES.

CONDITIONS DE LA VENTE.

Elle sera faite au comptant.

Les adjudicataires payeront *cinq pour cent* en sus des enchères.

Paris. — Imp. de Pillet fils aîné, rue des Grands-Augustins, 5.

DÉSIGNATION

AALST

(EVRARD VAN)

1 — Perdrix grise suspendue dans une niche.

2 — Perdrix rouge.

Deux pendants.

Toile. Haut., 30 cent.; larg., 40 cent.

BEERSTRATEN

(A. JOHANNÈS.)

3 — Port de mer.

A droite, la porte d'entrée d'une place forte et les murs d'enceinte garnis de tourelles. A gauche, dans le golfe, des navires de haut bord, un bateau de promenade et diverses embarcations.

Signé et daté.

Toile. Haut., 48 cent.; larg., 66 cent.

BERCKHEYDE

(GEERIT)

4 — L'Arc-de-Triomphe.

Sur une place à l'entrée d'une ville, s'élèvent un arc-de-triomphe et un obélisque. A gauche, un abreuvoir dans lequel un homme a fait entrer deux chevaux; à droite de nombreux personnages : marchande de gâteaux, cavaliers, palefreniers, villageois, stationnent à la porte d'une hôtellerie.

Signé en toutes lettres.

Toile. Haut., 52 cent.; larg., 62 cent.

BERRÉ

(JEAN-BAPTISTE)

5 — Gibier.

Perdrix appendues au mur et lièvre reposant sur une table où est un nid d'oiseaux.

Signé et daté 1811.

Toile. Haut., 64 cent.; larg., 50 cent.

BERRÉ

6 — Cerf, biche et faons.

Signé et daté 1813.

Bois. Haut., 24 cent.; larg., 30 cent.

BERRÉ

7 — Lion et serpent.

Signé : J. Berré, 1817.

Toile. Haut., 50 cent.; larg., 60 cent.

BERRÉ

8 — Tête de loup.

Etude.

Toile. Haut., 50 cent.; larg., 42 cent.

BESCHEY

(BALTHAZAR)

9 — Noce flamande.

Les nombreux invités sont réunis dans une cour et se livrent aux plaisirs de la bonne chère et de la danse. A gauche, trois musiciens sur un tréteau.

Cette agréable composition est animée de soixante-cinq figures, dignes du pinceau de Teniers.

Cuivre. Haut., 70 cent.; larg., 95 cent.

BISET

(CH. EMMANUEL)

10 — Réunion galante.

Sur une terrasse dallée, auprès d'une colonnade, un jeune seigneur se penche galamment vers deux jeunes femmes coquettement vêtues. L'une, assise sur une table, tient un verre de vin. Derrière ce groupe est une servante, un plateau d'une main, une aiguière de l'autre. Dans le fond, un cavalier donne la main à une dame qui descend un escalier.

Bois. Haut., 52 cent.; larg., 39 cent.

BOUT

(PIERRE)

11 — Fête de village.

Il y a foule sur un vaste terrain, à l'entrée d'une rue de village qui conduit à la place de l'église. Sur la droite, à quelques pas d'un chariot attelé de deux chevaux, un opticien ambulant fait essayer des besicles à un vieillard. Des marchands de bestiaux occupent la partie gauche. Au centre, sont groupés des bourgeois endimanchés, des paysans affairés, un seigneur en promenade avec sa dame qui fait la charité à un pauvre; dans le fond, les badauds se pressent devant des saltimbanques qui font la parade, et autour, des baraques des marchands forains. Partout règne la plus vive animation.

Toutes ces petites figures, très-justes de mouvements, sont peintes avec esprit et facilité.

Signé : P. Bout, A° 1677.

Toile. Haut., 47 cent; larg. 67 cent.

BRAKENBURGH

(RICHARD)

12 — La Joyeuse réunion.

Une trentaine de villageois, hommes, femmes et enfants, tous en belle humeur, se divertissent à qui mieux mieux dans l'intérieur d'une pièce encombrée d'ustensiles de ménage. A droite, des enfants tirent de la bière à un tonneau. A gauche, une vieille femme confectionne des crêpes dans la cheminée. Un couple d'amoureux et une femme tenant un verre de vin occupent le centre du tableau.

Une des œuvres les mieux réussies de l'auteur, finement peinte, agréablement composée et très-réjouissante par la vivacité des physionomies. Le coloris est clair et argentin, précieuse qualité chez ce maître.

Signé : R. Brakenburgh.

Toile. Haut., 51 cent.; larg., 58 cent.

BRASSAUW

(MELCHIOR)

13 — Jeune dame tenant des fleurs.

Jeune femme en costume de fantaisie des plus coquets, chapeau de paille orné de plumes voyantes, robe à manches bouffantes tailladées et dentelles au corsage, manteau de soie grise doublé de rouge. Elle a des fleurs dans les deux mains.

Signé : M. Brassauw.

Bois. Haut., 26 cent.; larg., 22 cent.

BRAUWER

(ADRIAAN)

14 — L'Opération difficile.

Un chirurgien de village, le barbier sans doute, est gravement occupé à extraire la dent rebelle d'un rustre en veste rouge, qui fait de grotesques contorsions, assis sur un escabeau. Une vieille femme, debout, les mains sous son tablier, attend le résultat de l'opération, tandis qu'un jeune apprenti dentiste bouche des flacons rangés sur un banc. A terre, des pots de formes variées.

Bois. Haut., 25 cent., larg., 34 cent.

BREEMBERG

(BARTHOLOMÉ)

15 — Paysage. — L'Ange et Tobie.

Ces deux figures bibliques sont représentées auprès de monuments en ruines, dans un site entrecoupé de rochers. Au second plan, un pâtre avec son troupeau de chèvres et trois villageoises.

Bois. Haut., 28 cent.; larg., 38 cent.

BREEMBERG

(BARTHOLOMÉ)

16 — Paysage.

Des pâtres ont une dispute, à la suite d'une partie de cartes, auprès de monuments en ruines.

Bois. Haut., 28 cent.; larg., 41 cent.

BREUGHEL

(PIETER), dit LE VIEUX

17 — L'Hiver.

De nombreux villageois se livrent aux plaisirs du patinage sur un canal glacé qui traverse un village dont les toitures sont couvertes de neige. Dans le fond, la plaine toute blanche et à l'horizon une ville avec ses clochers.

Bois. Haut., 39 cent.; larg., 60 cent.

BREUGHEL

ET

BALEN

18 — L'Assomption de la Vierge.

Ce sujet est entouré d'une jolie guirlande de fleurs soutenue par des anges.

Bois. Haut., 85 cent.; larg., 57 cent.

BREYDEL

(LE CHEVALIER)

19 — Attaque d'un convoi.

Des paysans, armés de fourches et de fusils, ont attaqué un convoi de vivres escorté de troupes et de nombreux cavaliers. La bataille s'étend dans toute la campagne jusque sur les plans les plus reculés.

Composition animée d'une quantité innombrable de figurines.

Toile. Haut., 42 cent.; larg., 61 cent.

CAPELLE

(JAN VANDER)

20 — Marine.

Bateaux de pêche et barque sur une mer calme. Ciel nuageux d'une coloration argentine.

Bois. Haut., 31 cent.; larg., 41 cent.

CARPENTERO

(JEAN CH.)

21 — Pâturage.

Quatre vaches et trois moutons dans un pré, au bord d'un ruisseau. A gauche, un pâtre, assis au pied d'un arbre, cause avec une femme debout. Fond de montagnes azurées.

Signé et daté 1805.

Bois. Haut., 75 cent.; larg., 1 m.

DAEL

(JEAN VAN)

22 — Fruits.

Pêches, prunes et raisins blancs sur une table de marbre.

Signé des initiales et daté 1812.

Bois. Haut., 30 cent.; larg., 38 cent.

DAEL

(VAN)

23 — Étude de pêches.

Peinture sur marbre.

Bois. Haut., 20 cent.; larg., 26 cent.

DIETRICH

(C. W. E.)

24 — Le Repos des bergères.

Dans l'intérieur d'une grotte où coule un ruisseau, quatre jeunes femmes, l'une nue, les autres quittant leurs vêtements, sont groupées dans des attitudes gracieuses. Une vache et plusieurs moutons complètent cette agréable composition.

Signé : Dietricy.

Cuivre. Haut., 29 cent.; larg., 39 cent.

DUCQ

(JAN LE)

25 — Scène de corps-de-garde.

Un soudard du temps de Louis XIII, fièrement campé sur ses jambes au milieu de la composition et tourné vers le spectateur, indique du doigt le groupe plaisant formé par quatre de ses compagnons d'armes et une femme, couchés pêle-mêle par terre et profondément endormis, puisque deux jeunes femmes leur dérobent, sans les éveiller, et leurs bijoux et leur argent. A gauche entre, par une porte, une femme tenant une montre, près d'elle est un militaire assis devant un tambour. Dans le fond de la pièce, on aperçoit des prisonniers implorant un chef.

Cette composition est enrichie de nombreux accessoires, vases précieux, bijoux, armures, selle jetée sur un tonneau, etc.

Fine production du maître.

Signé en bas.

Bois. Haut., 42 cent.; larg., 64 cent.

FALENS

(CARL VAN)

26 — Halte de cavaliers.

Au premier plan à droite, un seigneur et deux dames assis sur l'herbe et prenant une collation ; au milieu, cavalier sonnant de la trompe, amazone, chevaux et chiens groupés à l'entrée d'un parc orné de statues et d'une fontaine monumentale. A gauche, une femme conduisant un petit enfant par la main.

Agréable composition dans le goût de Wouwerman.

Toile. Haut., 52 cent.; larg., 64 cent.

GREUZE

(Attribué à)

27 — Tête de jeune fille.

Cheveux blonds cendrés, maintenus par un ruban bleu ; le buste enveloppé de draperies qui laissent une épaule à nu.

Cuivre forme ovale. Haut , 23 cent.; larg., 21 cent.

GREUZE
(D'après)

28 — L'Oiseau mort.

Forme ovale. Haut., 59 cent.; larg., 48 cent.

GOYEN
(JAN VAN)

29 — Une plage.

A gauche, une tour carrée domine une éminence où l'on voit un groupe de pêcheurs, des cavaliers et trois villageois lisant un écriteau fixé au bout d'un poteau. A droite, sur la plage, de nombreuses figures, un carrosse, un chariot, etc. La mer est couverte de barques. Ciel gris, chargé de nuages.

Beau tableau du maître, d'une exécution vive et légère.

Il porte le monogramme et la date 1646.

Bois. Haut., 43 cent.; larg., 63 cent.

GOYEN
(JAN VAN)

30 — Les Patineurs.

Grand nombre de personnes sur un canal glacé, aux abords d'une ville de Hollande dont les toitures et les clochers se détachent sur le ciel.

Temps brumeux.

Signé en toutes lettres et daté 1644.

Bois. Haut., 44 cent.; larg., 75 cent.

GOYEN

(JAN VAN)

31 — Ville au bord d'un canal.

Ancienne place forte à murailles et tourelles, assise au bord d'une rivière. Au premier plan, dans le bac du passeur, un carrosse attelé de quatre chevaux.

Bois. Haut., 41 cent.; larg., 71 cent.

GRYEF

(ANTON)

32 — Le Paradis terrestre.

Sur le premier plan, des chiens, des vaches, des chèvres; dans les arbres des perroquets. Au delà d'une rivière on aperçoit, au pied d'un bouquet d'arbres, Adam et Eve, entourés de tous les animaux de la création.

Signé.

Bois. Haut., 21 cent.; larg., 30 cent.

HALS

(DIRCK)

33 — Réunion de gentilshommes.

A gauche, quatre seigneurs debout, vêtus d'élégants costumes Louis XIII, tiennent conversation; cinq autres personnages fument et boivent, assis autour d'une table devant une haute cheminée. De chaque côté de la cheminée sont accrochés des tableaux. A terre est une épée.

Bois. Haut., 45 cent.; larg., 65 cent.

HEEM

(DAVID DE)

34 — Nature morte.

Des fruits de toutes espèces, raisins, pêches, poires, grenades, citrons, sur des plats en métal et dans une corbeille d'osier; des pièces d'orfévrerie, aiguière, coupe et vidrecome en argent ciselé ; des verres à vin, un homard, etc., sont déposés sur une table garnie d'un tapis de soie verte.

Grande et belle composition de nature morte, d'un coloris chaud et vigoureux.

Toile. Haut., 1 m. 22 cent.; larg., 1 m. 84 cent.

HELLEMONT

(MATHIEU VAN)

35 — Un marché.

Au milieu de la place d'une ville de Hollande, animée d'une foule de personnes, s'élève une fontaine à tritons et dauphins. A droite, les marchands d'oiseaux et de volaille ; à gauche, les étalages de fruits et de légumes ; au milieu de la composition, une dame hollandaise, précédée de deux petites filles et suivie d'un jeune serviteur.

Importante composition de la belle qualité de l'artiste.

Signé : M. V. Hellemont F.

Toile. Haut., 83 cent.; larg., 1 m. 17 cent.

HOET

(GÉRARD)

36 — Nymphes et satyres.

Composition dans le goût de Poelemburg.

Bois. Haut., 30 cent.; larg., 40 cent.

HONDEKOETER

(MELCHIOR)

37 — Oiseaux de basse-cour.

Un vautour s'est abattu sur un poulailler; il tient dans ses serres un petit poussin, un coq s'approche, prêt à combattre l'ennemi. De tous côtés, les poules, les poussins, les pigeons effrayés battent des ailes.

Signé.

Toile. Haut., 1 m. 05 cent.; larg., 1 m. 37 cent.

HONDIUS

(ABRAHAM)

38 — Oiseaux aquatiques.

Bois. Haut., 23 cent. larg., 39 cent.

KEERINCX

(A.)

ET VAN BALEN

39 — Repos de la sainte Famille.

Au pied d'un arbre, dans une campagne fertile, le petit saint Jean présente des raisins à l'enfant Jésus, assis sur les genoux de la Vierge. Marie se retourne vers un ange qui cueille des fleurs. Saint Joseph, debout, est en lecture.

Cuivre. Haut.. 14 cent.; larg., 28 cent.

KESSEL

(JOHANN VAN)

40 — Nature morte.

Des souris font bombance sur une table où sont étalés les mets du dessert : assiettées de fruits, cerises, fraises, framboises, fines pâtisseries, flacon de vin, fleurs dans une coupe ciselée, etc., etc.

Bois. Haut., 19 cent.; larg., 34 cent.

KESSEL

(JOHANN)

ET

ARTOIS

41 — Fleurs.

Quatre bouquets de fleurs, peints par van Kessel, encadrent un cartouche où van Artois a représenté le sujet du Baptême du Christ dans un paysage boisé.

Signé : J. van Kessel.

Toile. Haut., 1 m. 25 cent.; larg., 94 cent.

KLEINTZ

(Signé)

42 — Effet d'hiver.

Trois hommes, sur la glace, sont occupés à charger un traîneau de divers paniers. A droite, des patineurs.

Toile. Haut., 65 cent.; larg., 81 cent.

KOBELL

(JEAN)

43 — Paysage et animaux.

Trois vaches et un cheval dans un pré, que longe une route sur laquelle chemine une femme tenant un enfant par la main.

Bois. Haut., 16 cent.; larg., 23 cent.

LAANEN

(CHRISTOPH VANDER)

44 — Le Jardin d'amour.

Des personnages de distinction, dames et seigneurs aux toilettes élégantes, sont réunis dans un parc, auprès d'une fontaine monumentale ornée de sculptures.
Pastiche dans la manière de Rubens.

Bois. Haut., 50 cent.; larg., 61 cent.

LENAIN ?

45 — Danse villageoise.

Dans une allée d'arbres un homme et une femme dansent au son du violon et de la cornemuse ; à droite un groupe de paysans, à gauche un seigneur et sa famille.

Toile. Haut., 65 cent.; larg., 60 cent.

MOLENAER

(JAN MIENSE)

46 — Le Concert.

Quatre jeunes gens, en costume du temps de Louis XIII, sont assis autour d'une table et accompagnent de leurs instruments, violon, violoncelle, flûte et mandoline, une jeune fille qui chante en battant la mesure.

Bois. Haut., 32 cent.; larg., 45 cent.

MONI

(L. DE)

47 — La Pâtée aux chats.

Sous une colonnade, ayant vue sur la grande allée d'un parc, une jeune fille ayant un petit chat sur l'épaule, donne la pâtée à un gros matou que son frère tient dans les bras, tout joyeux de l'avoir entortillé dans une écharpe à franges d'or. Deux autres chats attendent leur part de la distribution, se jouant devant un tapis de Turquie, jeté sur le mur d'entre-colonnement.

Bois. Haut., 35 cent.; larg., 25 cent.

MORTEL

(JAN)

48 — La Dentellière.

Jeune fille blonde, en corsage violet à manches courtes et jupe de soie jaune. Elle est occupée à faire de la dentelle, assise auprès d'une table couverte d'un tapis d'Orient : sur la table est posé un vase de fleurs. Dans le fond de la pièce, une étagère avec des livres et un secrétaire au bas duquel on lit la signature :

J. Mortel, A° 1679.

Ce petit tableau offre une grande analogie avec les œuvres de Slingeland.

Bois. Haut., 25 cent.; larg., 20 cent.

NEEFFS

(PEETER)

49 — Intérieur d'église.

En présence de quelques fidèles agenouillés, un prêtre dit la messe sur un autel placé à un pilier de la grande nef d'une église d'architecture ogivale. A gauche, un autre prêtre sort de la sacristie, précédé d'un enfant de cœur portant un cierge.

Les figures sont peintes par Breughel.

Cuivre. Haut., 26 cent.; larg., 34 cent.

NEEFFS

(PEETER)

50 — Intérieur d'église.

La nef principale se voit dans toute son étendue ; à droite, dans une chapelle du bas-côté, un prêtre officie. Sur le premier plan sont divers personnages, parmi lesquels une femme faisant l'aumône à des infirmes.

Signé et daté 1644.

Bois. Haut., 49 cent.; larg., 64 cent.

NEER

(AART VAN DER)

51 — Canal de Hollande, effet de nuit.

Dégagée des nuages qui couvrent le ciel, la lune répand une clarté indécise sur tout le paysage ; elle se réfléchit dans les eaux d'une rivière qui occupe le centre de la composition et dont le regard suit le parcours jusqu'à l'horizon. Les deux rives sont bordées d'habitations, d'arbres et de moulins. Au premier plan, un pêcheur amarre sa barque ; d'autres pêcheurs, plus loin, étendent leurs filets. A gauche, sur une île on distingue des vaches.

Fine production du maître.

Bois. Haut., 34 cent.; larg., 49 cent.

NEER

(AART VAN DER)

52 — Bord d'un canal, clair de lune.

A droite, sur la rive, une vieille tour et des constructions en ruines au bord d'un chemin sur lequel passe un cavalier. Au premier plan, deux villageois emplissent des seaux à la rivière où l'on voit la réflexion de la lune.

Bois. Haut., 46 cent.; larg., 64 cent.

NETSCHER

(CONSTANTIN)

53 — La Dame au perroquet.

Une jeune femme, à la toilette élégante, est vue à une fenêtre cintrée, toute tapissée de volubilis. Sur son doigt est juché le perroquet qu'elle vient de sortir de la cage. Un riche tapis d'Orient forme le rideau de la fenêtre, ornée, au-dessous de l'appui, d'un bas-relief. A terre est un singe ouvrant des fruits. A gauche, vase d'orangers sur son piédestal.

Cuivre. Haut., 37 cent.; larg., 29 cent.

OCHTERVELT

(JAKOB)

54 — La Musicienne.

Une jeune dame hollandaise, vue de profil, pince de la mandoline, assise devant une table sur laquelle est une partition de musique. Elle porte un corsage jaune à manches courtes, une jupe et un tablier blanc.

Toile. Haut., 30 cent.; larg., 24 cent.

OMMEGANCK

(BALTHAZAR-PAUL)

55 — L'Orage.

Un berger, son chien, ses moutons, sont frappés d'effroi par la foudre qui éclate, déchirant le ciel chargé de nuages sombres. Les animaux, vivement éclairés, se détachent en lumière sur le paysage baigné dans la demi-teinte.

Beau tableau de l'artiste, d'un effet piquant, bien entendu et d'un pinceau moelleux.

Signé en toutes lettres.

Bois. Haut., 51 cent.; larg., 64 cent.

OMMEGANCK

56 — Moutons.

Quatre moutons broutent un buisson. Plus loin, un eune berger assis et le reste du troupeau.

Bois. Haut., 31 cent.; larg., 41 cent.

OS

(JAN VAN)

57 — Nature morte.

Poissons dans un bocal, gibier mort, faisan, lièvre et perdrix, fruits, nid, etc.

Toile. Haut., 83 cent.; larg., 64 cent.

OSTADE

(ISAAC VAN)

58 — Les Patineurs.

Au premier plan, un homme suivi d'un petit garçon, pousse devant lui un traîneau dans lequel est assise une dame hollandaise. Près de ce groupe, deux enfants ; à gauche sur un pont étroit, quatre voyageurs dans un traîneau attelé d'un cheval blanc; derrière le traîneau un enfant et un chien. D'autres figures animent es divers plans de la composition.

Bois. Haut., 35 cent.; larg., 56 cent.

OSTADE

(École de)

59 — Intérieur de cour.

Plusieurs villageois, des poules, un chien, dans une cour plongée dans l'ombre. Un rayon de soleil dore l'ouverture de la porte de cette cour.

Bois. Haut., 21 cent.; larg., 19 cent.

PALAMÈDE

(STEVENS A.)

60 — Artiste dans son atelier.

Un peintre fume la pipe, assis devant son chevalet. Près de lui, une jeune, femme debout, chante en s'accompagnant sur la guitare. Cette deuxième figure nous semble avoir été ajoutée par un artiste français dans la première moitié de ce siècle.

Bois. Haut., 32 cent.; larg., 26 cent.

PŒLEMBURG

(CORNILLE)

61 — L'Assomption de la Vierge.

La Vierge s'élève dans les cieux, environnée d'une gloire d'anges et de chérubins.

Le bas de la composition représente un pays montagneux avec édifices en ruines et bestiaux dans les prairies.

Toile. Haut., 53 cent.; larg., 42 cent.

PŒLEMBURG

(CORNILLE)

62 — Le Baptême du Christ.

Au second plan, saint Jean baptise Jésus sur le bord du Jourdain. Des anges planent dans les cieux en se tenant par les mains.

Sur le premier plan, de nouveaux convertis quittent leurs vêtements pour recevoir le baptême. A droite, des constructions en ruines couronnées de rochers élevés.

Signé des initiales C. P.

Cuivre. Haut., 26 c.; larg., 34 cent.

PŒLEMBURG

(CORNILLE)

63 — Les Baigneuses.

Elles sont au repos, au pied d'un énorme rocher. Au loin, dans la campagne, on aperçoit des bergers et leurs troupeaux.

Toile. Haut., 30 cent.; larg., 38 cent.

ROBBE

(L. M. D.)

64 — La Sortie de la bergerie.

Sur un pont de bois en face la bergerie, s'élancent et se pressent les moutons; en tête du troupeau se tient le chien du berger.

Les animaux sont vivement éclairés par les rayons du soleil.

Tableau important de l'artiste et d'un effet des plus séduisants.

Signe : Robbe, 1840.

Toile. Haut., 1 m. 60 cent.; Larg., 2 m. 6 cent.

ROBBE

65 — Pâturage.

Trois taureaux dans une prairie, l'un debout, les deux autres couchés.

Toile. Haut., 71 cent.; larg. 97 cent.

ROMBOOUTS

(Signé A)

66 — Intérieur rustique.

Autour d'un tonneau sur lequel s'étalent les restes d'un déjeûner, sont assis deux hommes et une femme :

l'un chante, l'autre bourre sa pipe; la femme a le verre en main. Derrière ce groupe et le complétant, sont deux jeunes villageois, tous deux tenant des brocs de bière. A terre, un chien endormi.

Cette peinture se recommande par la vérité des détails et la naïveté des expressions.

Toile. Haut., 52 cent.; larg., 46 cent.

RUYSCH

(RACHEL)

174 67 — Fleurs.

Des fleurs de toutes sortes sont assemblées en bouquet dans un vase placé sur une table de marbre.

Toile. Haut., 44 cent.; larg., 38 cent.

RUYSDAEL

(JAKOB)

68 — Le vieux Chêne.

Au centre de la composition, sur un tertre sablonneux se dresse un vieux chêne en partie dépouillé de ses branches. A droite, une flaque d'eau et des broussailles, puis un champ de blé, et enfin des massifs de verdure à la base d'une haute montagne boisée. Du côté gauche on aperçoit la mer à l'horizon. Le ciel est chargé de nuages grisâtres.

Une vache et deux moutons, dus aux pinceau d'Adrien Van den Velde, animent le premier plan.

Cette toile captive l'attention et s'impose par son accent de vérité, par l'impression mélancolique de l'effet, par cette poésie douce et pénétrante, particulière aux œuvres du grand paysagiste hollandais.

Toile. Haut., 54 cent.; larg., 67 cent.

SCHALKEN

(GOTTFRIED)

69 — La Jeune ménagère.

Une jeune fille, au visage souriant, vêtue d'une robe de satin jaune décolletée et d'un manteau bleu, tient une tranche de saumon. Un plat d'argent garni de fruits est placé devant elle.

Cuivre. Haut., 23 cent.; larg., 17 cent.

SCHALKEN

(GOTTFRIED)

70 — Effet de lumière.

Un homme, tenant un tison de la main gauche, s'efforce de raviver la flamme par son souffle, pour pouvoir allumer la chandelle qu'il a dans la main droite. Derrière lui est une jeune femme debout, ceinte d'un diadème.

Bois. Haut., 28 cent.; larg., 27 cent.

SON

(JAN VAN)

71 — Fruits.

Une guirlande de fruits variés encadre un cartouche où sont représentés deux enfants, un garçon et une fille, l'un tenant un chardonneret, l'autre une pomme rouge.

Les figures sont attribuées à Netscher; les fruits sont peints par Jan Van Son, artiste renommé dans la représentation des raisins.

Signé: J. Van Son, 1657.

Bois. Haut., 69 cent. larg.; 53 cent.

SPAENDONCK

(GÉRARD VAN)

72 — Bouquet de fleurs.

Des roses de nuances variées, des dahlias, des volubilis, des tulipes de Hollande et d'autres fleurs forment bouquet dans un vase posé sur une table de marbre, où l'on voit encore une pêche, des raisins et un nid.

Signé.

Toile. Haut., 92 cent.; larg., 72 cent.

SPAENDONCK

(D'après VAN HUYSUM)

73 — Corbeille de fleurs, papillons et insectes.

Toile. Haut., 55 cent.; larg., 44 cent.

STEENWYCK

LE JEUNE (HENDRICK VAN)

74 — Intérieur de palais.

Dans une vaste pièce dont le plafond est formé de boiseries, saint Marc, assis, écrit son évangile près d'une haute fenêtre cintrée, sur un banc attenant à une cloison terminée, dans la partie supérieure, par une tablette où sont rangés des livres et des fioles. A droite, le lion de saint Marc est couché sur les dalles devant une cheminée. Au fond de la pièce, une porte donne vue sur une chapelle de style ogival.

Coloris clair, exécution d'une grande finesse et de la plus parfaite exactitude dans tous les détails d'architecture et d'ameublement.

Signé.

Bois. Haut., 37 cent.; larg., 58 cent.

TENIERS

(DAVID)

75 — Le Chimiste.

Un vieillard consulte de vieux bouquins, assis dans un laboratoire, devant une table sur laquelle sont placés deux flacons garnis de bouchons de papier. Il est coiffé d'un bonnet bordé de fourrure et enveloppé dans une houppelande également en fourrure.

Signé du monogramme.

Bois. Haut., 29 cent.; larg., 21 cent.

TENIERS

(DAVID)

76 — L'Odorat.

Le sens de l'odorat est personnifié par une dame âgée, assise dans un paysage, un petit chien sur ses genoux et respirant le parfum d'un œillet.

Petit tableau peint dans le sentiment de Frans Hals.

Bois. Haut., 25 cent.; larg., 22 cent.

TENIERS

PÈRE (DAVID)

77 — Intérieur flamand.

A gauche, une femme assise devant son rouet. Au fond de la pièce, trois hommes devant une cheminée. A droite, une cabane à pourceaux sur laquelle est juché un coq. Par terre, quantités d'ustensiles de ménage, poteries, écumoir, assiette avec des œufs, chaudron et serviette sur un tonneau.

Bois. Haut., 41 cent.; larg., 56 cent.

TENIERS

(ABRAHAM)

78 — Les Bohémiennes.

Quatre mendiantes sont arrêtées sur une route qui longe une rivière. L'une d'elles dit la bonne aventure à un villageois. Sur l'autre rive est un groupe de maisons que surmonte un clocher.

Bois. Haut., 64 cent.; larg., 80 cent.

TERBURG

(Attribué à G.)

79 — La Réprimande maternelle.

Une dame hollandaise menace d'une verge une petite fille assise sur une chaise basse, un métier à dentelle sur les genoux. L'enfant pleure et s'essuie les yeux avec un coin de son tablier.

Bois. Haut., 47 cent.; larg., 38 cent.

TILBORGH

(GILLES VAN)

80 — La Partie de cartes.

Dans un intérieur rustique, une dame en robe de soie jaune, accompagnée d'un cavalier assis à côté d'elle, fait une partie de cartes avec un vieux paysan et semble lui proposer de doubler l'enjeu. Un homme debout, fumant la pipe, est attentif à la partie, tandis qu'une jeune villageoise regarde un grand garçon qui casse des œufs dans un seau. A droite, deux autres personnes font la conversation sur le seuil de la porte. Par terre, au premier plan, une valise de voyage, une selle et une cuirasse.

Toile. Haut., 70 cent.; larg., 98 cent.

TILBORGH

(GILLES VAN)

81 — La Fileuse.

Au milieu d'un groupe de paysans qui fument et boivent, une vieille femme, assise devant son rouet, a suspendu son travail pour boire un verre de bière. Devant elle est une petite fille debout. A la porte de l'habitation, une mendiante, avec deux enfants sur les bras, demande la charité. Par terre, devant un chaudron, sont jetés pêle-mêle des plats d'étain, des assiettes en faïence pleines de coquilles de moules, etc.

Toile. Haut., 58 cent.; larg., 72 cent.

TOL

(DOMINIQUE VAN)

82 — La Cueillette du raisin.

Une jeune ménagère hollandaise cueille des raisins à la vigne qui tapisse le bord de sa fenêtre.

Bois. Haut., 22 cent.; larg., 19 cent.

TOURNIÈRES

(ROBERT)

83 — La Dame aux oiseaux.

Une jeune femme est représentée en peignoir à une fenêtre encadrée de plantes grimpantes où voltigent des oiseaux aux plumages variés. Un petit chien, sur l'appui de la croisée, jappe contre un chat qui agace un perroquet. A terre est accroupi un singe tenu en laisse par un cordon.

Bois forme cintrée du haut. Haut., 33 cent.; larg., 25 cent.

VERHEYDEN

(FRANÇOIS)

84 — Le Rendez-vous.

Une jeune femme, en toilette de nuit, se penche à la fenêtre de sa chambre; elle semble recommander à quelqu'un de ne pas faire de bruit et s'apprête à jeter la clef de la maison.

Signé et daté 1842.

Bois. Haut., 61 cent.; larg., 48 cent.

VERKOLIE
(JAN)

85 — La Jeune fille à l'écureuil.

C'est une jeune personne, mise avec recherche, aigrette et pierrerie dans la coiffure, robe rose bordée de guipures; elle tient une corbeille de fruits et se tourne vers une fenêtre sur laquelle un écureuil joue avec une brochette d'oiseaux.

Bois. Haut., 14 cent.; larg., 13 cent.

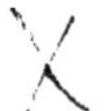

VERNET
(JOSEPH)

86 — Une Vue des environs de Paris.

Cette vue est prise au bord de la Seine, très-large en cet endroit, en face d'un pont de pierre qui traverse un îlot où s'élèvent quelques maisons. A la tête du pont, à droite, est une usine importante, et sur la rive du même côté, l'entrée d'un bois. Le premier plan est animé par de jolies figures bien dessinées et d'une tournure élégante : dames et seigneurs en promenade, marchande de poissons, pêcheurs, mariniers, villageoise montée sur un âne et cheminant à côté d'un jeune homme tenant un bâton, etc.

Cette toile est signée et datée de 1764.

Vernet, âgé de cinquante ans, était alors dans toute la plénitude de son talent. L'exécution est facile et savante, la tonalité générale brillante et harmonieuse.

Toile. Haut., 75 cent.; larg., 1 m. 35 cent.

VITRINGA

(W.)

67 — Marine.

Vaisseau de haut bord et bateau de pêche sur une mer houleuse. A droite, trois figures sur une langue de terre qui s'avance dans la mer.

Toile. Haut., 53 cent.; larg., 73 cent.

WEENINX

(JAN)

88 — Trophée de chasse.

Des perdrix, divers oiseaux et un lièvre sont suspendus dans un garde-manger, au-dessus d'une table de pierre.

Toile. Haut., 1 m. 10 cent.; larg., 91 cent.

WERFF

(VAN DER)

89 — Le Jugement de Pâris.

Assis à l'ombre d'un grand chêne, le célèbre berger vient de remettre la pomme à Vénus, debout devant lui et accompagnée de l'Amour. Deux autres Amours planent au-dessus de la déesse et répandent des fleurs sur sa tête. A droite, Pallas et Junon qui s'éloignent, et plus loin, du même côté, Mercure dans un pli de terrain.

Cuivre. Haut., 57 cent.; larg., 50 cent.

WINTRACK

90 — Paysage et oiseaux de basse-cour.

Sur l'avant-plan, des poules, des canards et deux pies au bord d'une rivière. Au second plan, la porte d'une ville s'ouvre dans une muraille, flanquée d'une vieille tour. Dans le fond, à droite, une église sur une place, près d'un pont.

Beau tableau de l'artiste.

Signé de l'initiale W, et daté 1650.

Toile. Haut., 97 cent.; larg., 84 cent.

WOUWERMAN

(PHILIPPE)

91 — Le petit Chat.

Il est blotti sur des gerbes de blé, dans une grange, et regarde un œuf cassé dont le contenu se répand à terre.

Précieux petit échantillon du maître, de son pinceau le plus flou et le plus léger, de son coloris le plus délicat.

Bois. Haut., 14 cent.; larg., 14 cent.

WYNANTS

(JAN)

92 — Le coup de soleil.

Au pied d'un tertre sablonneux frappé par un rayon de soleil sont assis deux villageois ; près d'eux, sur une route qui longe la lisière d'un bois, cheminent un voyageur suivi d'un chien, et plus loin, un cavalier et un piéton.

Bois. Haut., 30 cent.; larg., 38 cent.

ZORGH

(H. M. ROKES)

93 — Intérieur de tabagie.

Quatre villageois entourent une table ; l'un allume sa pipe dans un réchaud, l'autre se verse un verre de bière, le troisième chante un couplet que le dernier accompagne sur la mandoline. Des joueurs de cartes se disputent dans le fond de la pièce. A gauche, à côté d'une armoire ouverte, une vieille femme coupe une tranche de pain. De ce côté, quantité d'ustensiles de ménage, chaudrons, poteries, billot, seaux, etc.

Signé : M. Zorgh.

Bois. Haut., 48 cent.; larg., 62 cent.

ÉCOLE FRANÇAISE

94 — Portrait d'artiste.

De face, à mi-corps, coiffé d'un bonnet et enveloppé d'un ample manteau rouge. Il a un porte-crayon dans la main droite placée sur sa main gauche, de laquelle il soutient un carton à dessins.

Toile. Haut., 1 m. 05 cent.; larg., 80 cent.

ÉCOLE FRANÇAISE

95 — Vase de fleurs.

Bois. Haut., 74 cent.; larg., 61 cent.

ÉCOLE HOLLANDAISE

(Signature indéchiffrée)

96 — L'Heureuse mère.

Une dame hollandaise, en toilette d'intérieur, pèlerine brodée et jupe de satin blanc, contemple en souriant son jeune enfant qu'elle presse tendrement dans ses bras. Près d'elle, une écuelle d'argent sur une table ; à terre, un berceau d'osier.

Bois. Haut., 34 cent.; larg., 28 cent.

ÉCOLE HOLLANDAISE

97 — Figues.

Plusieurs figues, dont une ouverte, sont placées sur une table.

Bois. Haut., 29 cent.; larg., 29 cent.

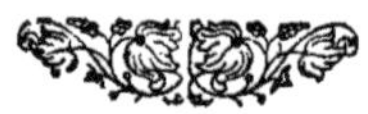

www.ingramcontent.com/pod-product-compliance
Ingram Content Group UK Ltd.
Pitfield, Milton Keynes, MK11 3LW, UK
UKHW020507180726
13839UKWH00004B/1950